QUESTO LIBRO APPARTIENE A

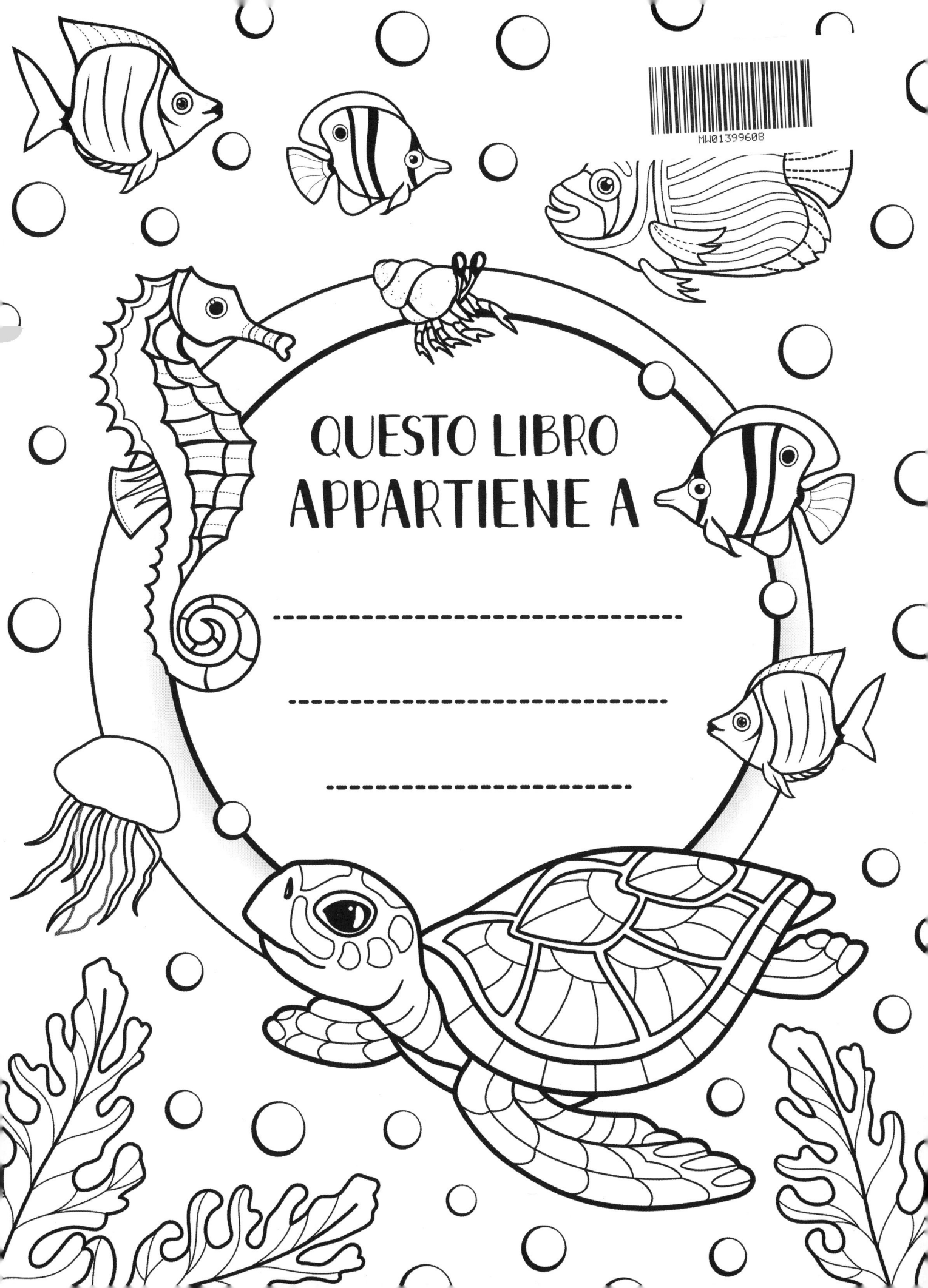

....

....

....

COLORARE È FACILE - I MOTIVI
Il mondo sott'acqua

LIBRO DA COLORARE PER TUTTE LE ETÀ
per i principianti, le persone con problemi di vista e gli anziani
Un libro a caratteri grandi. Volume 3. Versione italiana.
Dimensioni del prodotto: 21,6 x 0,3 x 27,9 cm.

Il diritto d'autore
Copyright © 2019 Victoria Chukalina

Tutti i diritti riservati. Questa pubblicazione è protetta dalla legge
sul copyright degli Stati Uniti e internazionali. Nessuna parte
di questa pubblicazione può essere riprodotta, archiviata in
un sistema di recupero e memorizzazione delle informazioni,
né trasmessa, in qualsiasi forma o con qualsiasi mezzo, elettronico,
meccanico, fotocopia o altro, senza la previa autorizzazione scritta
del detentore del copyright, fatta eccezione per un critico che
può citare brevi passaggi e illustrazioni per una recensione,
e un venditore che contribuisce alla vendita di questo
prodotto al consumatore retail.

PAGINA DI PROVA DEL COLORE

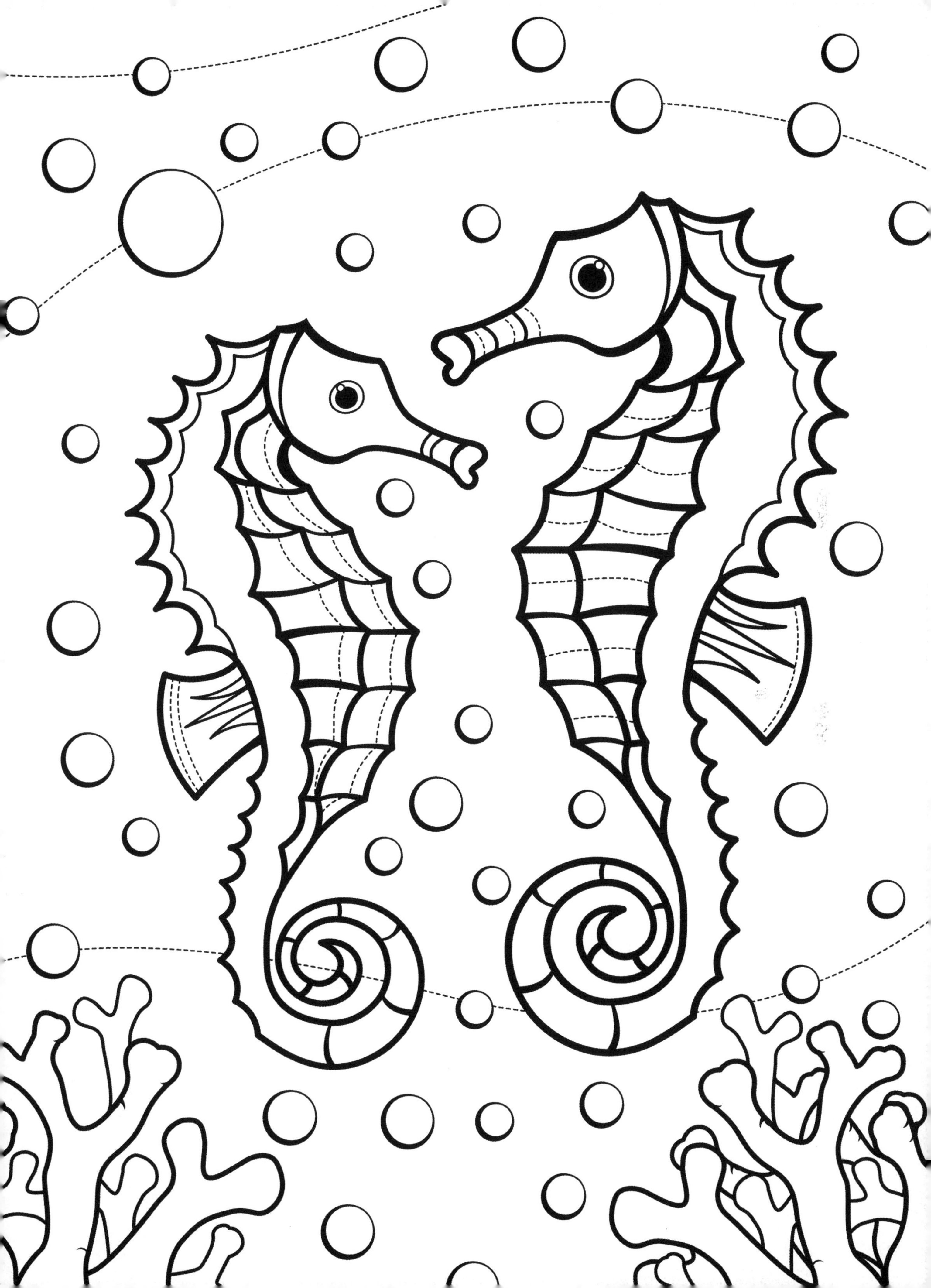

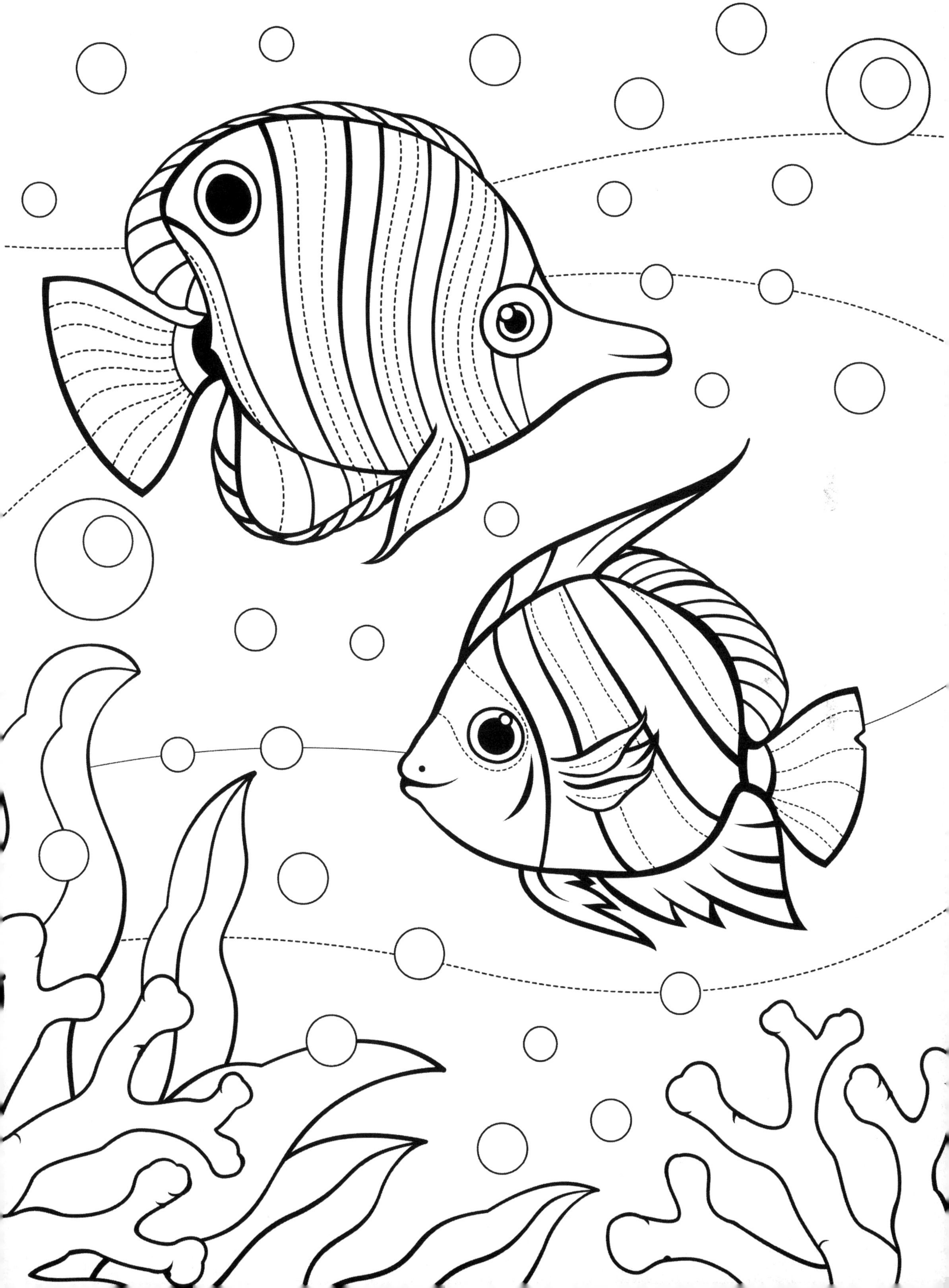

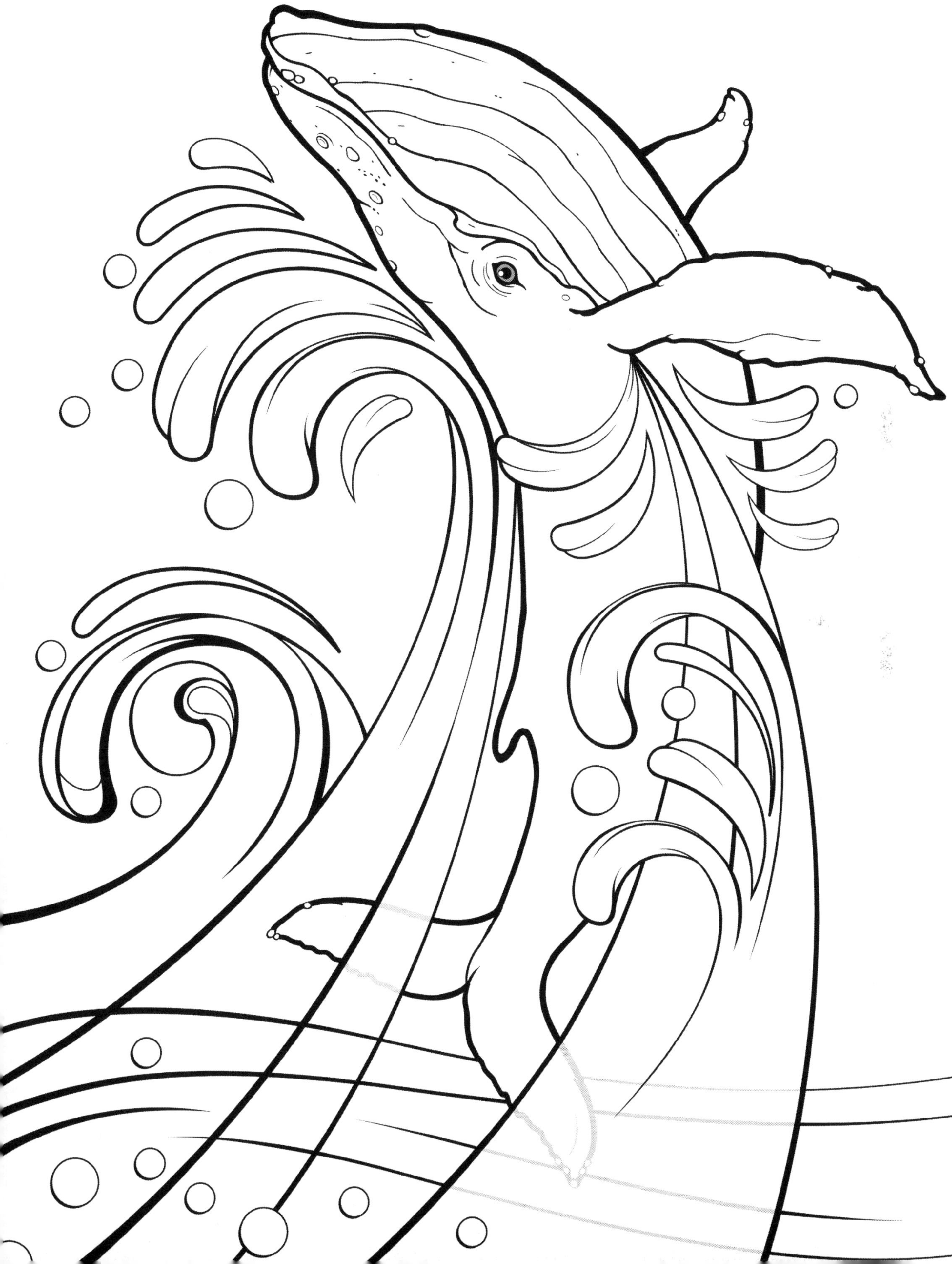

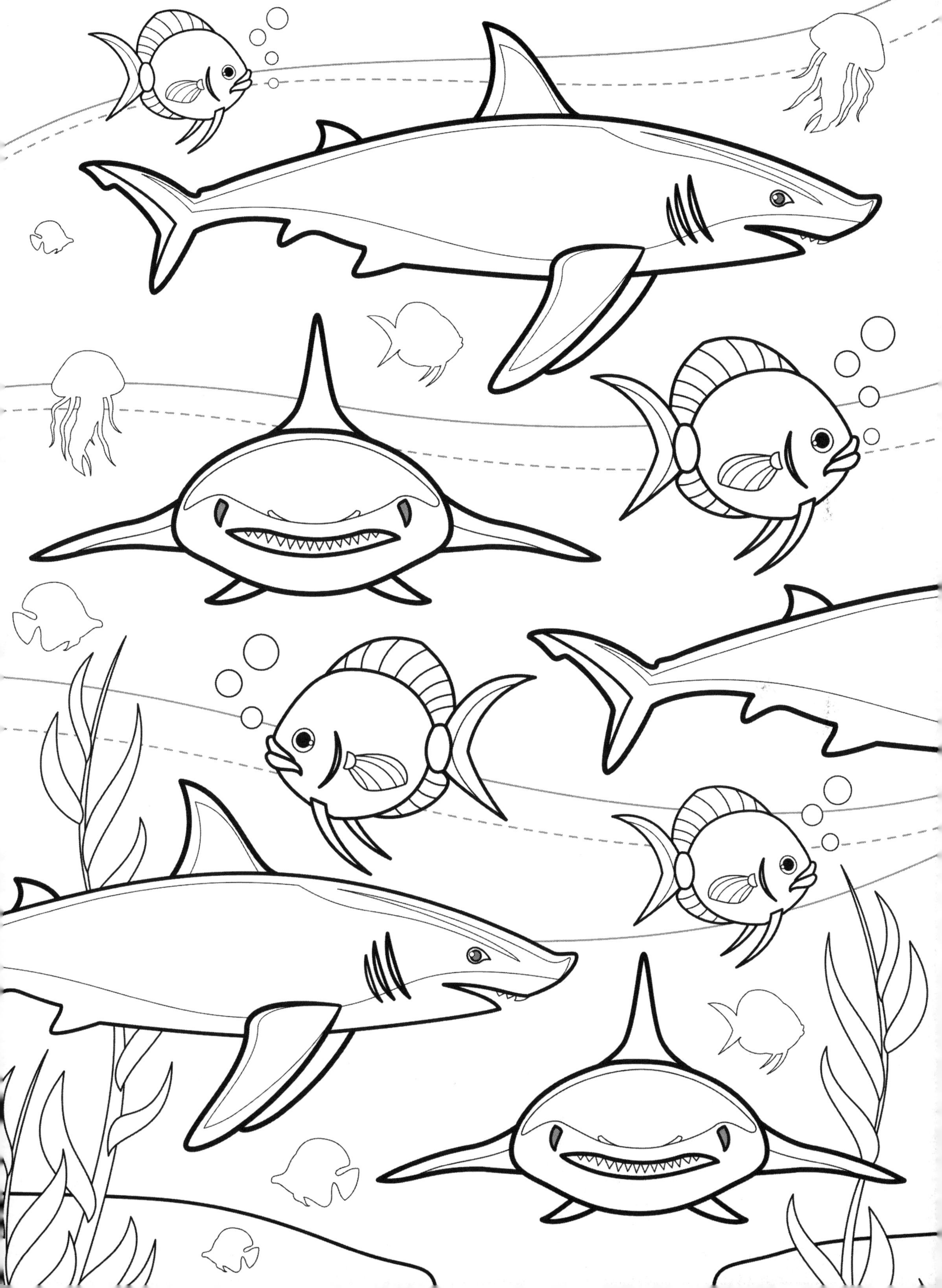

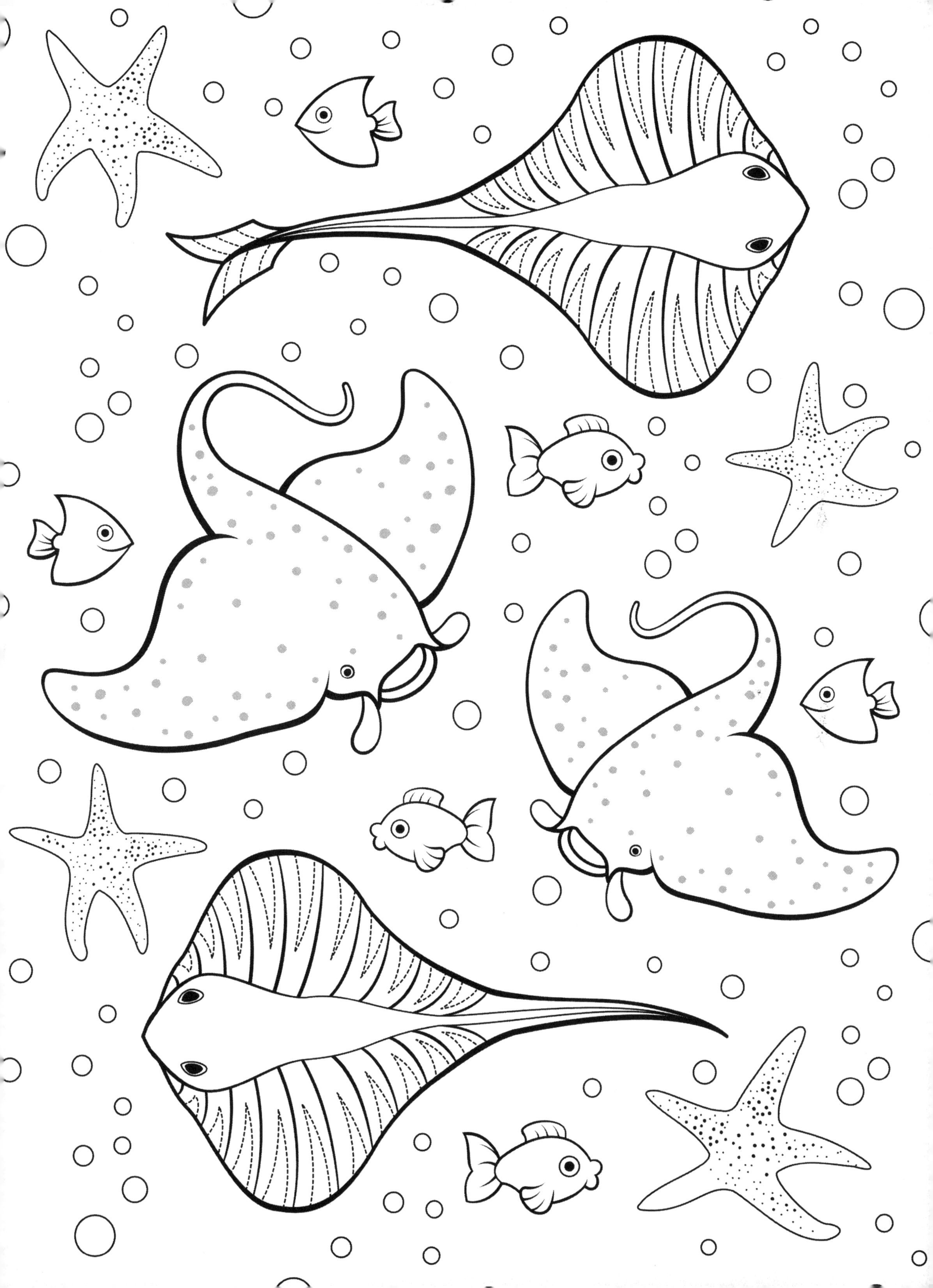

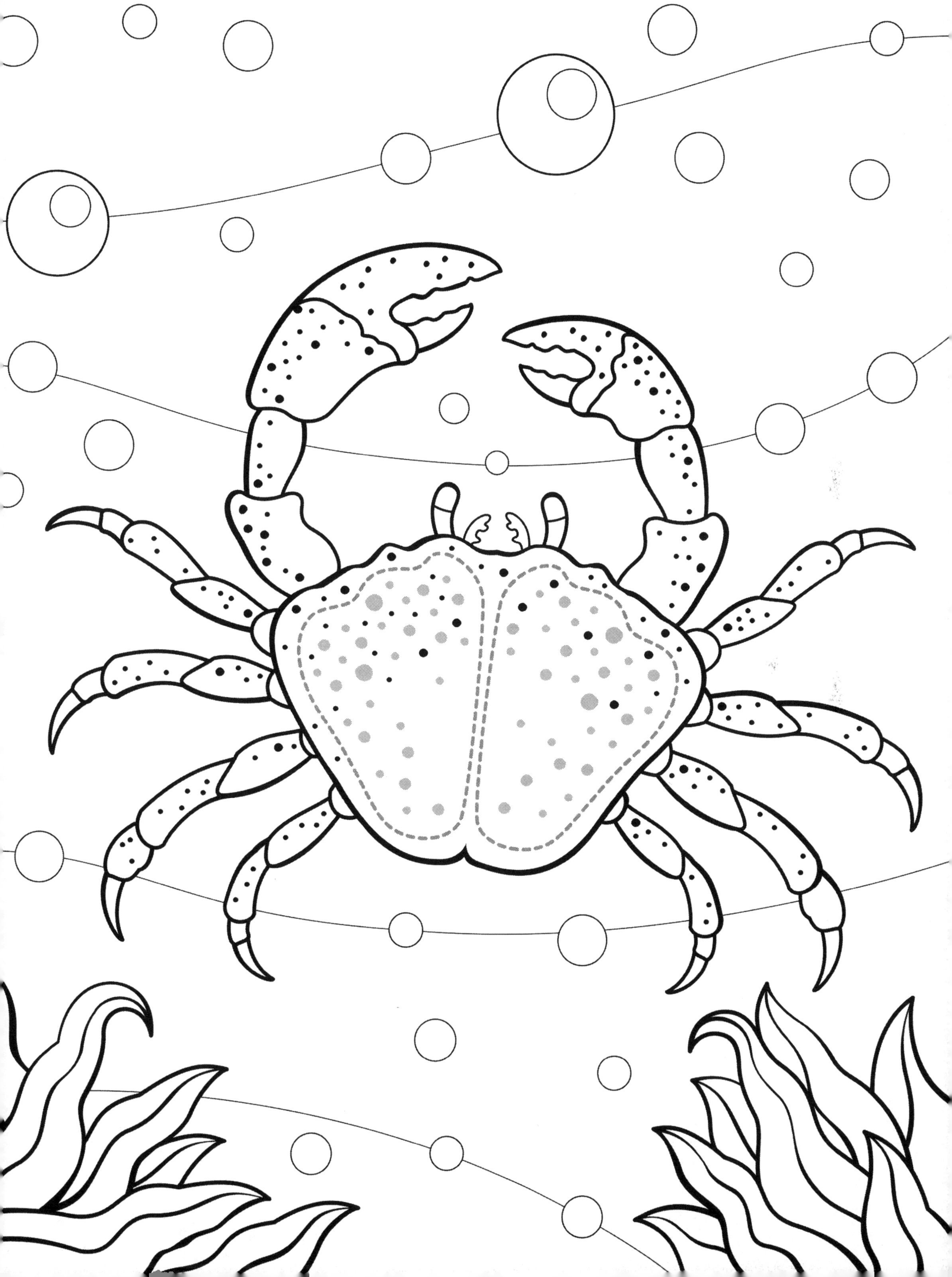

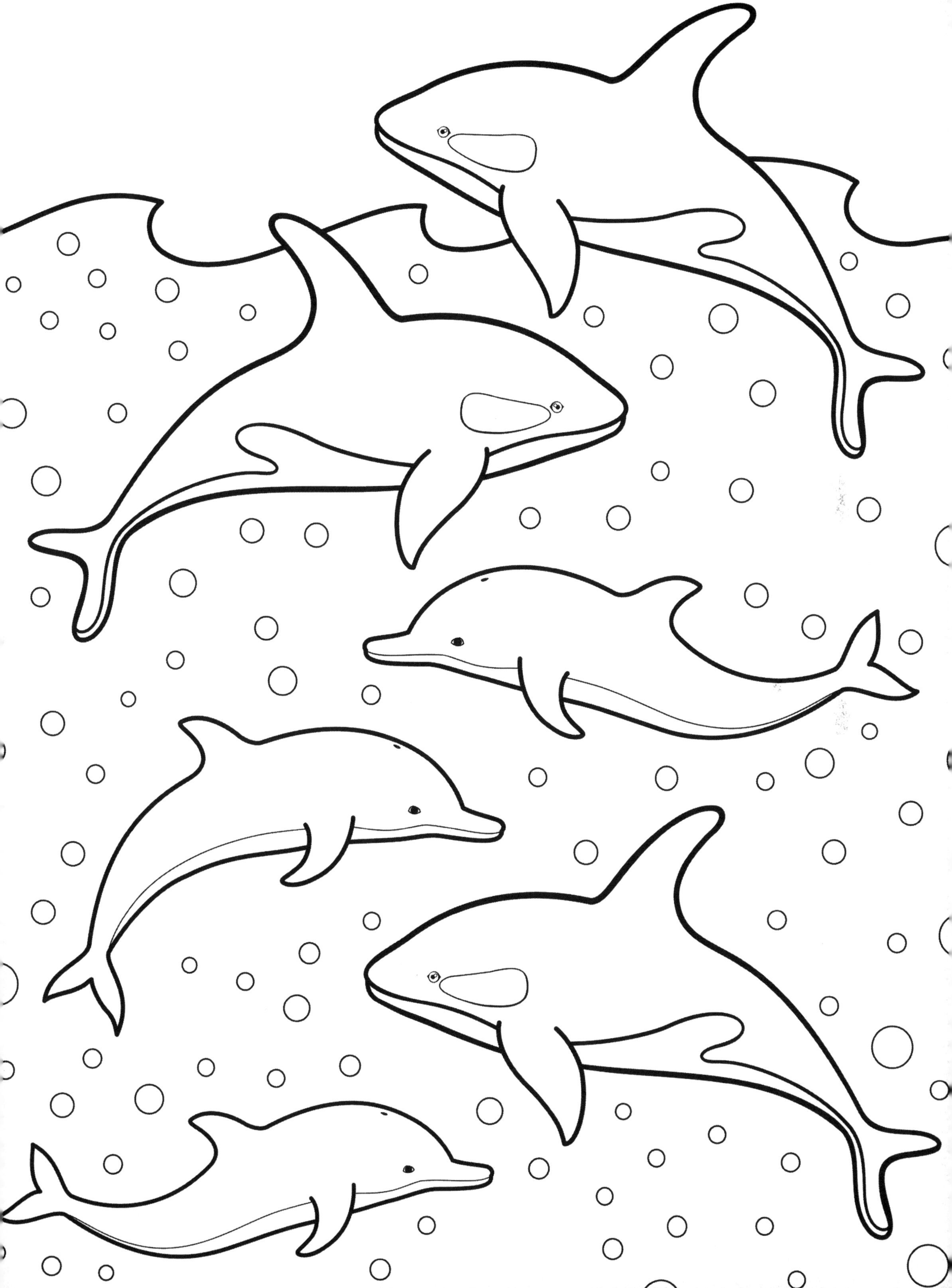

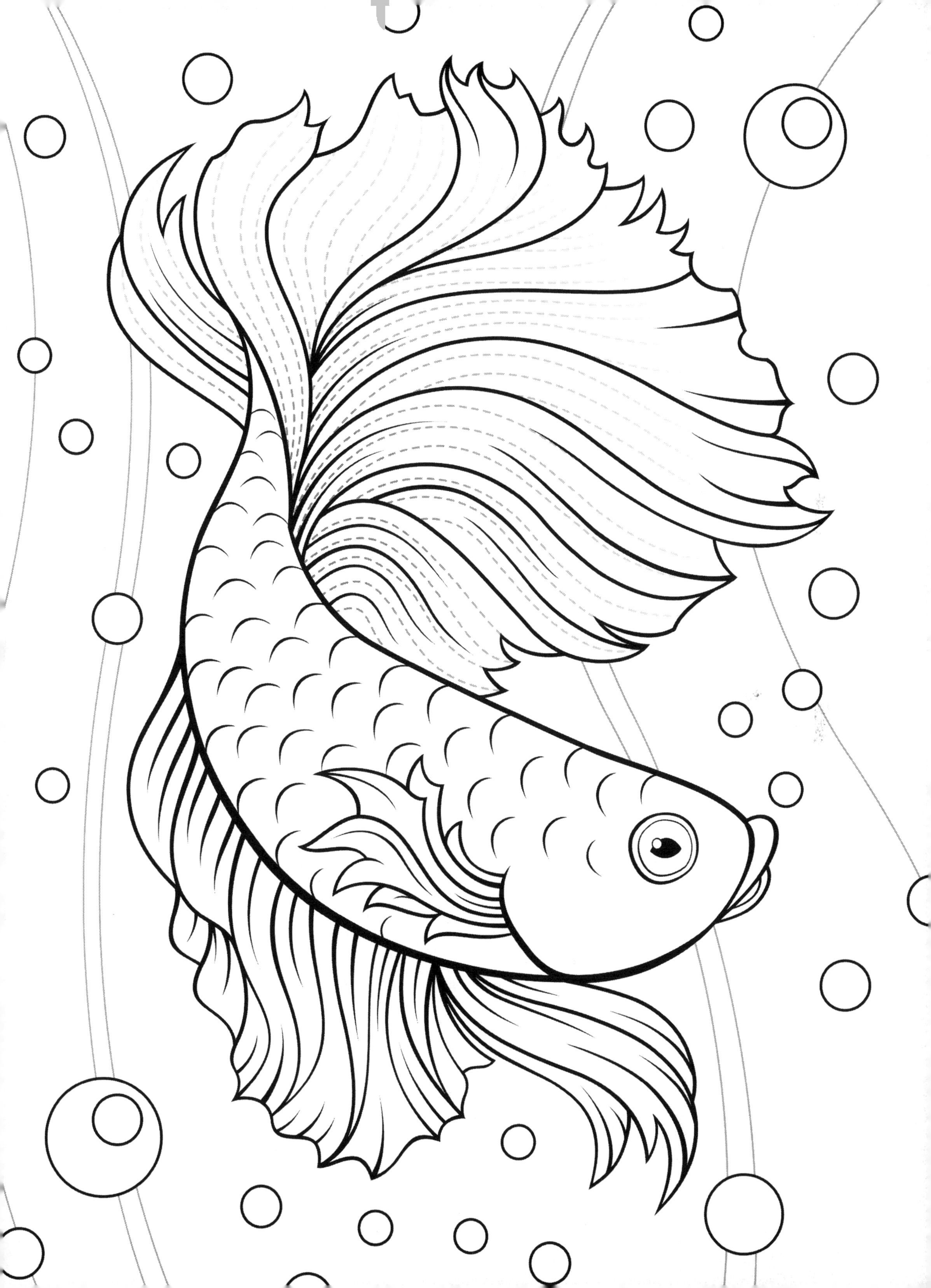

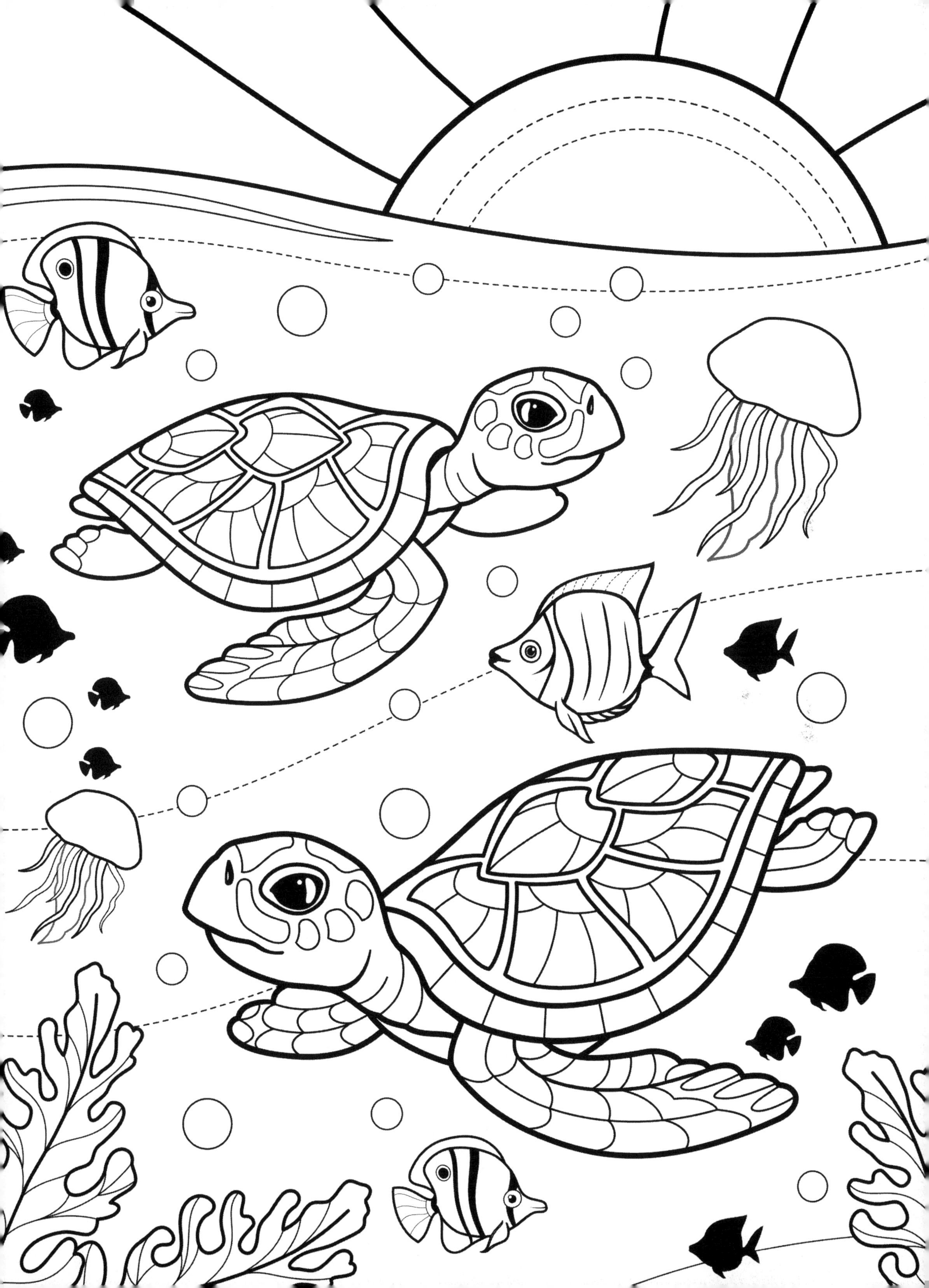

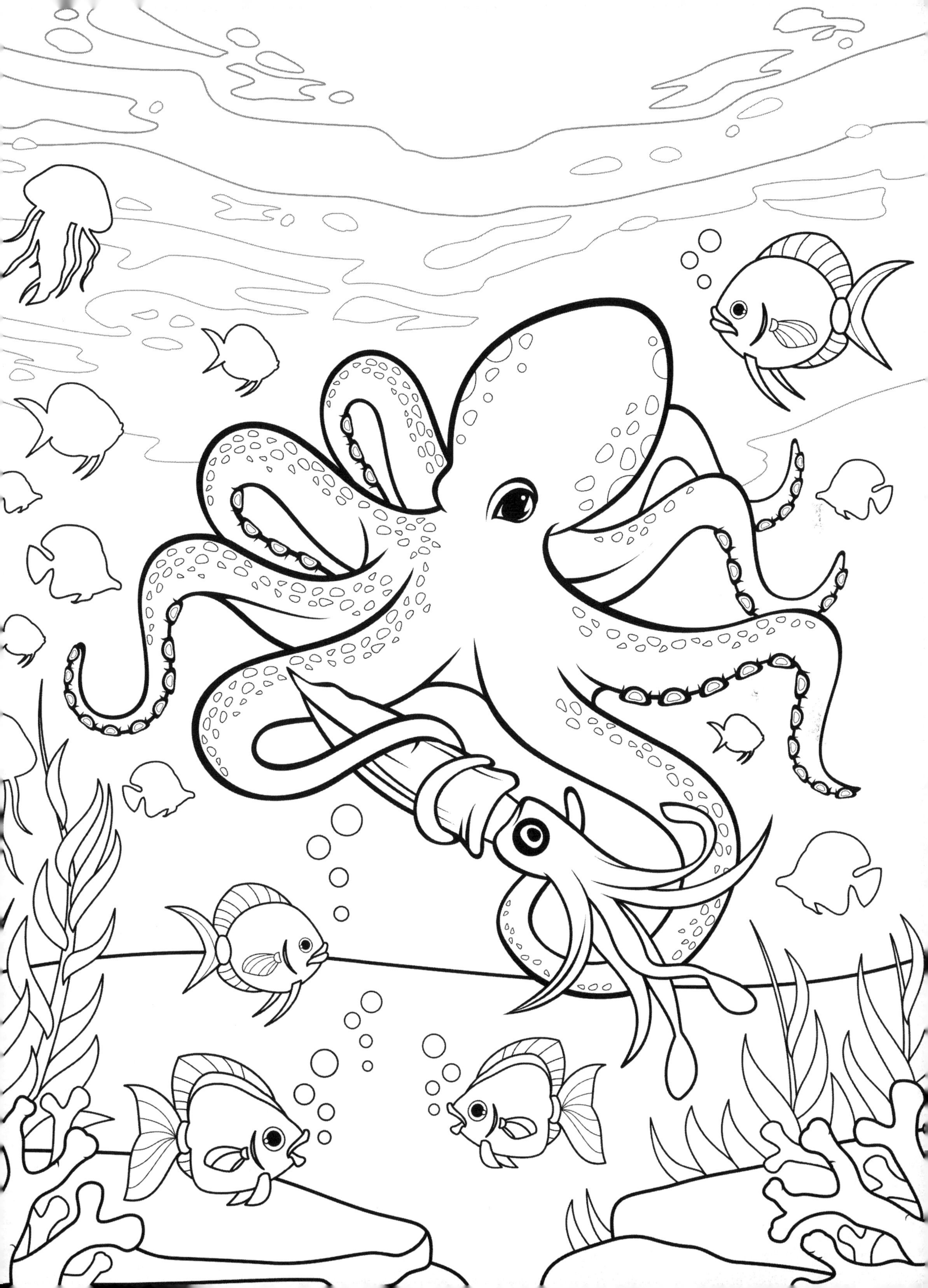

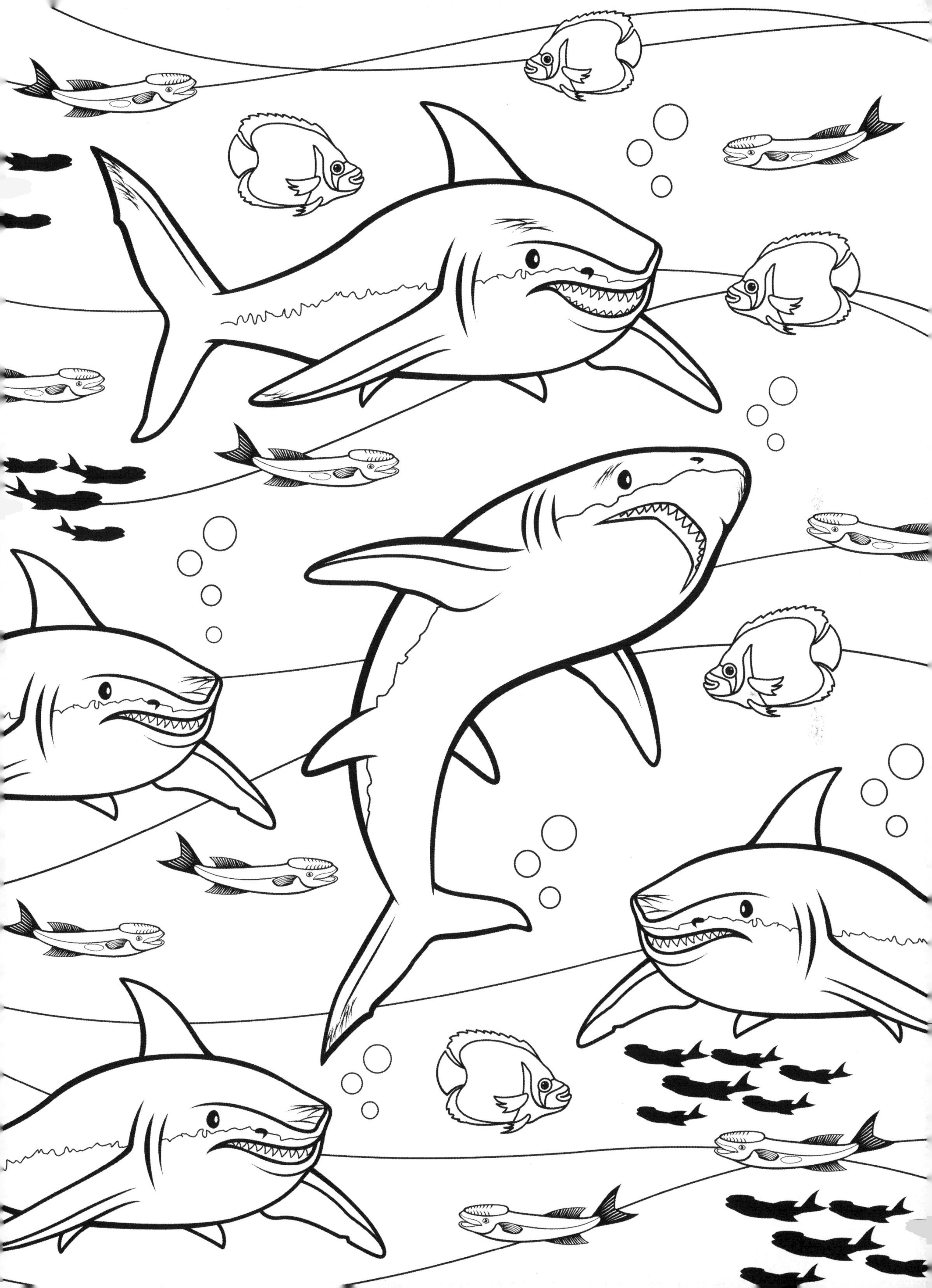

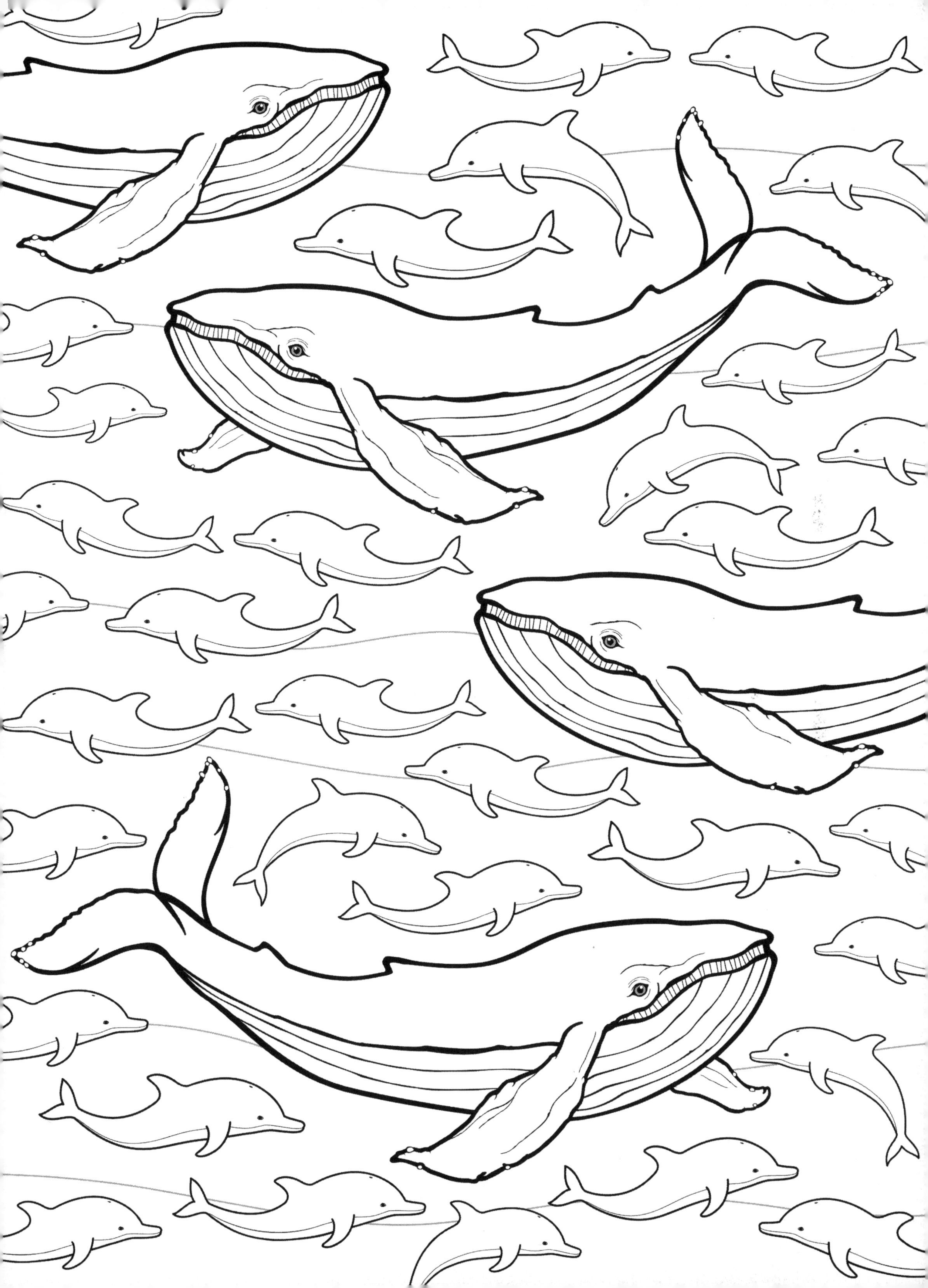

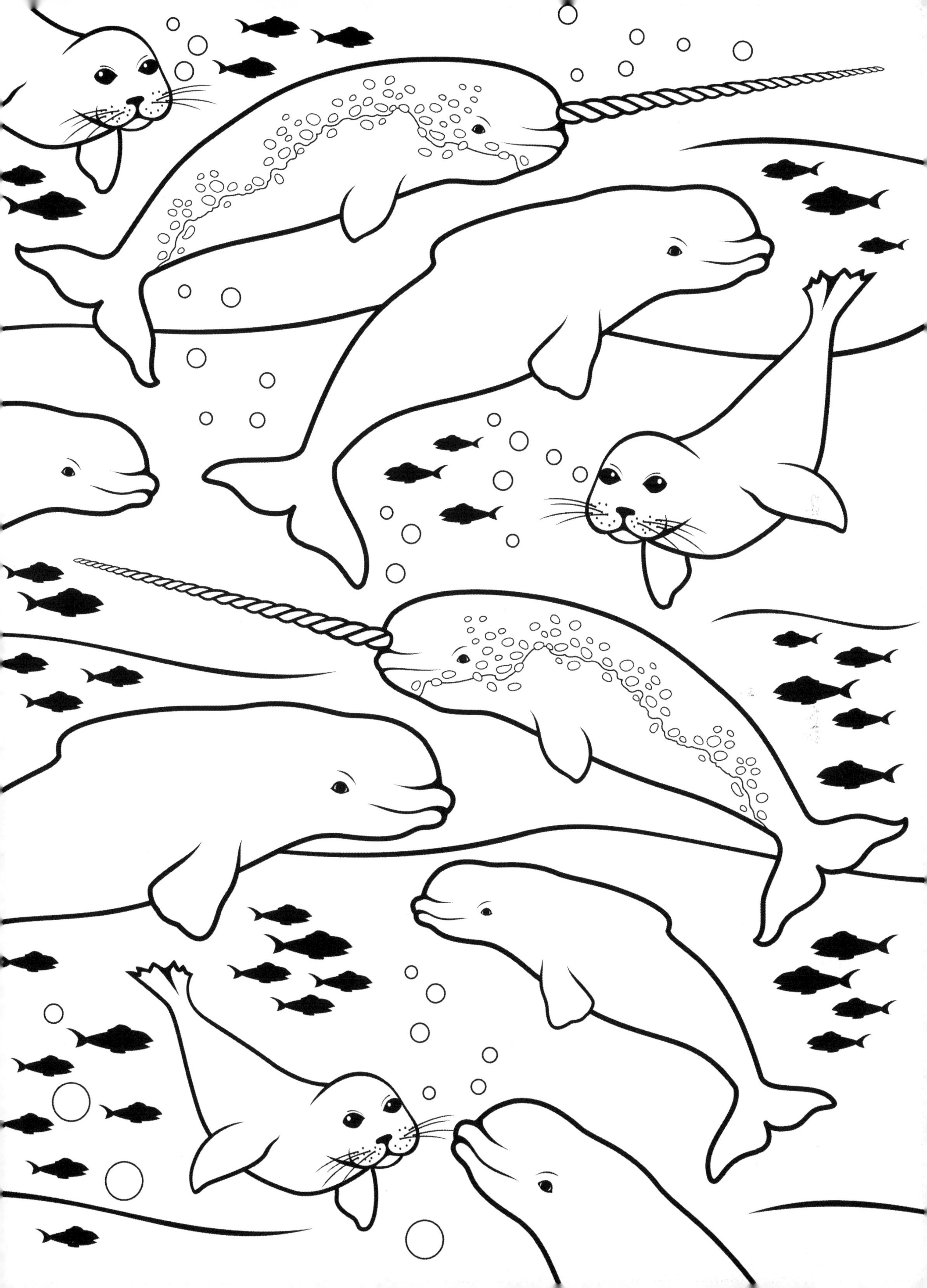

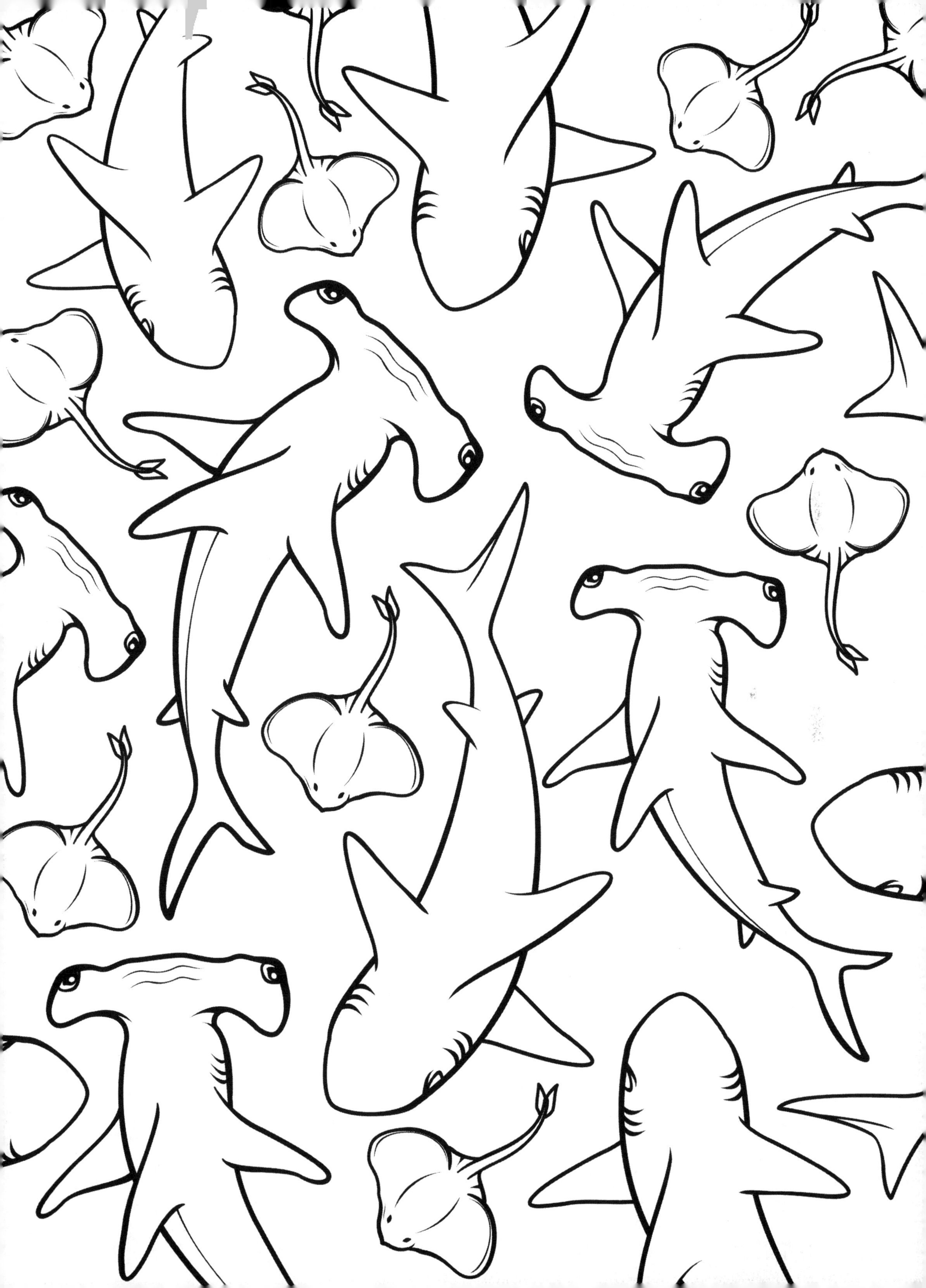

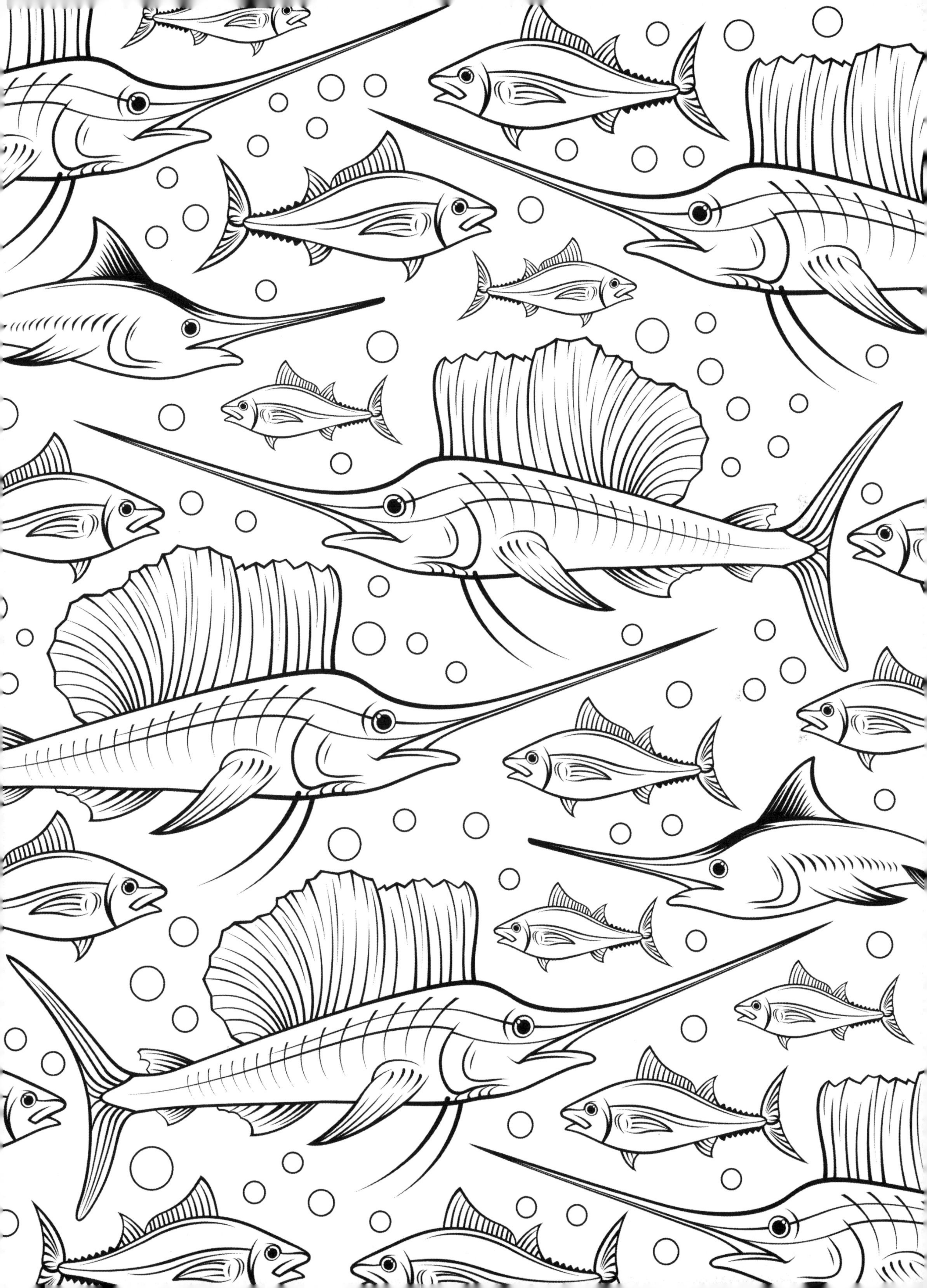

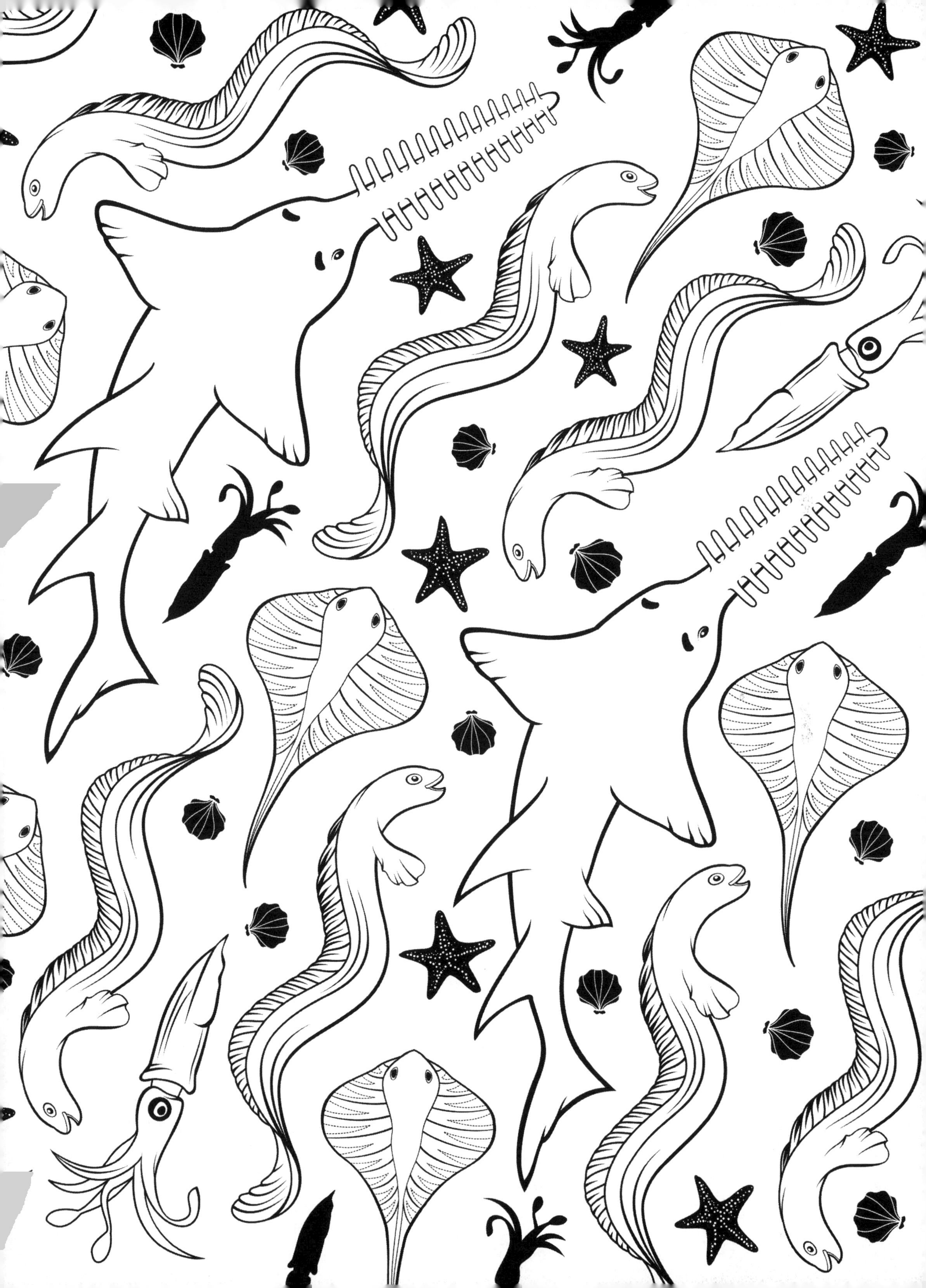

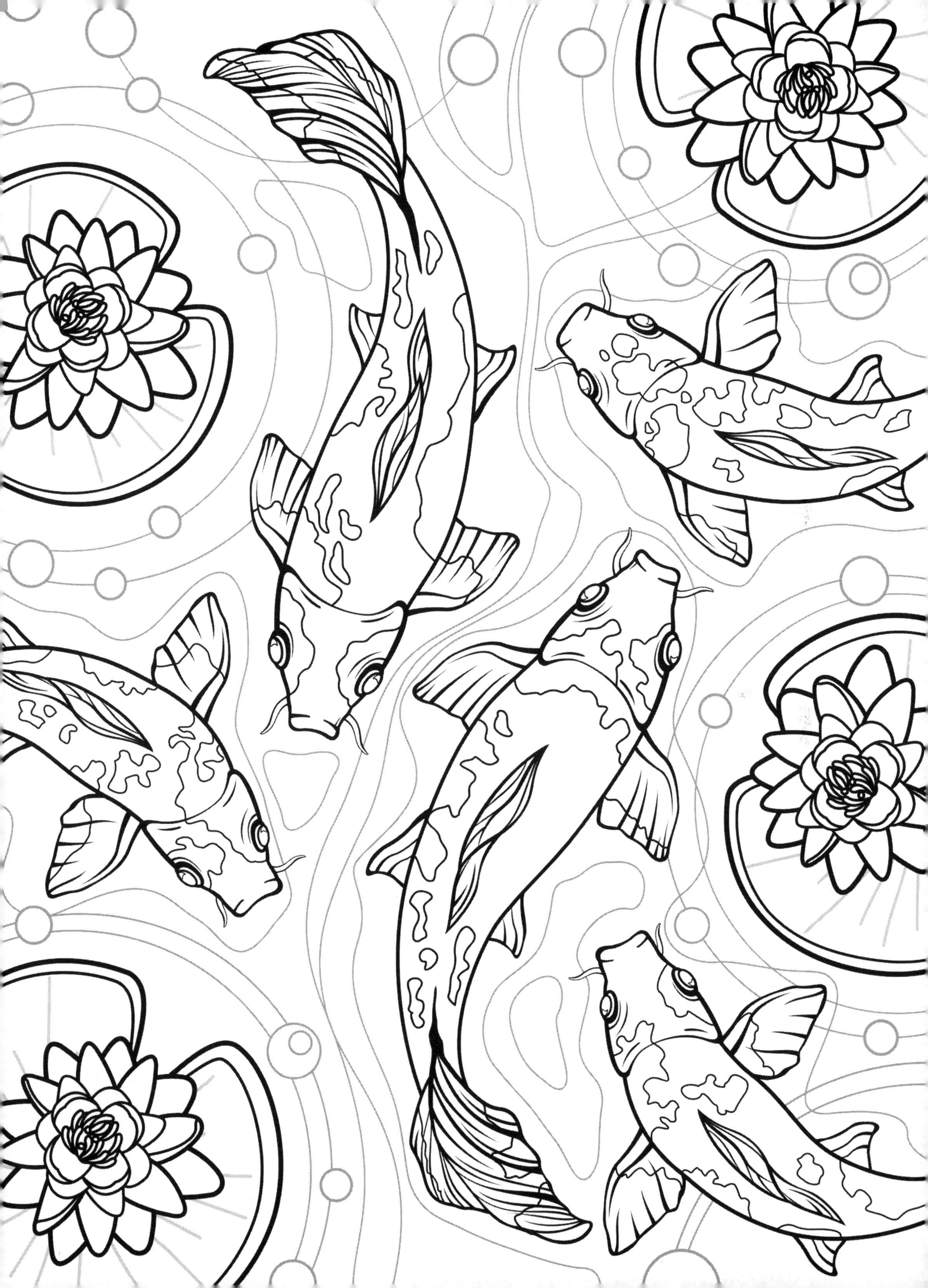

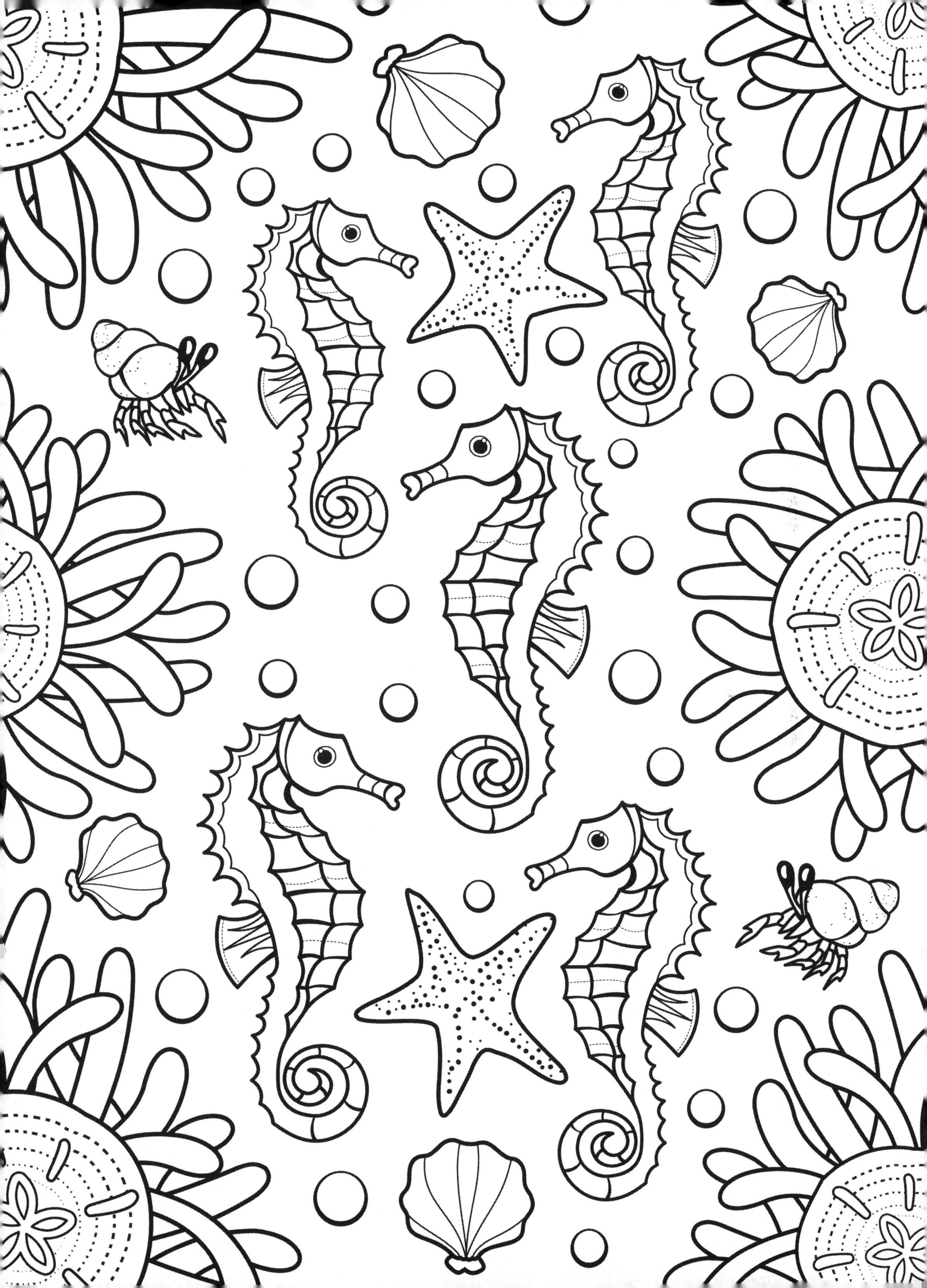

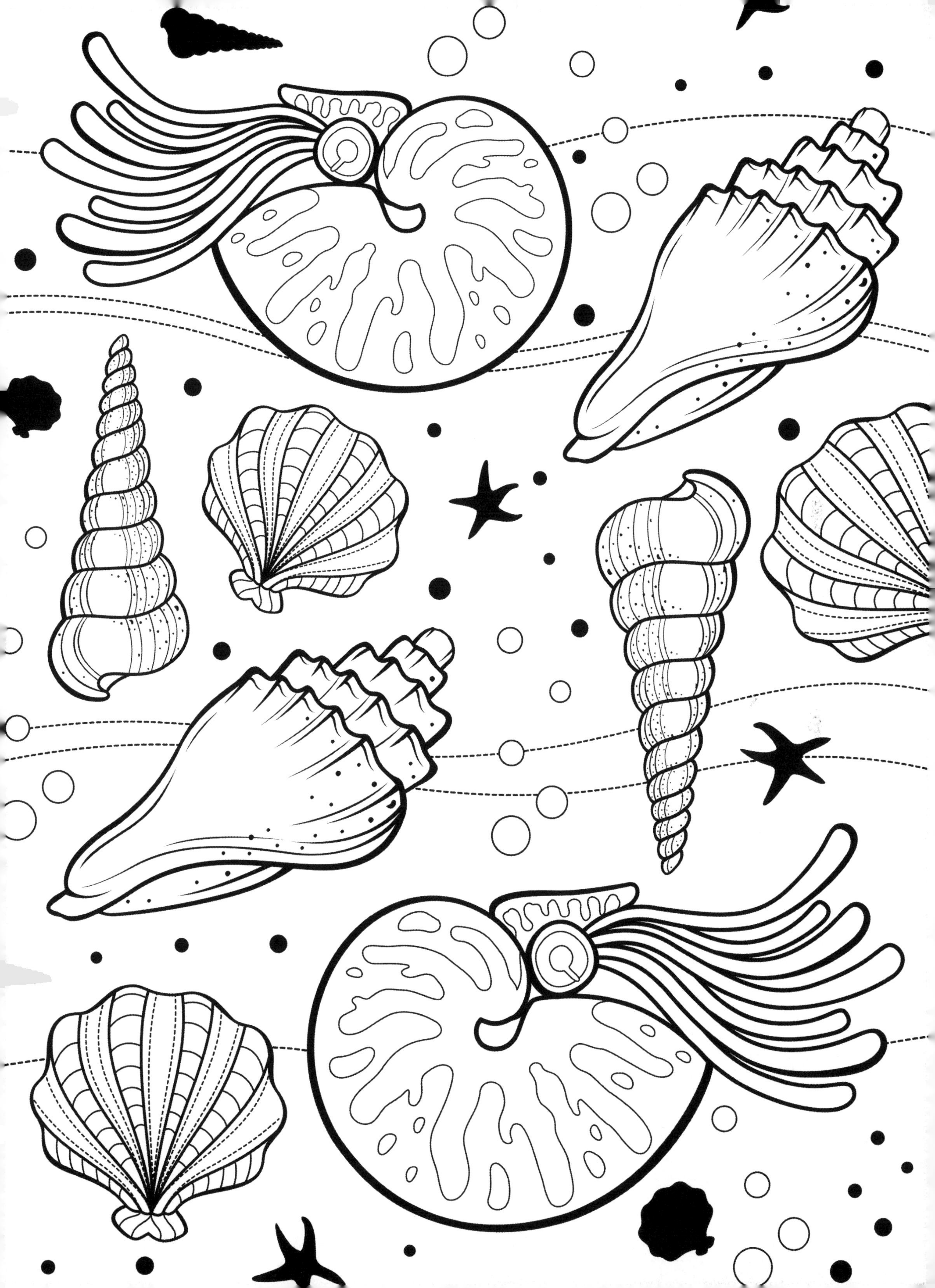

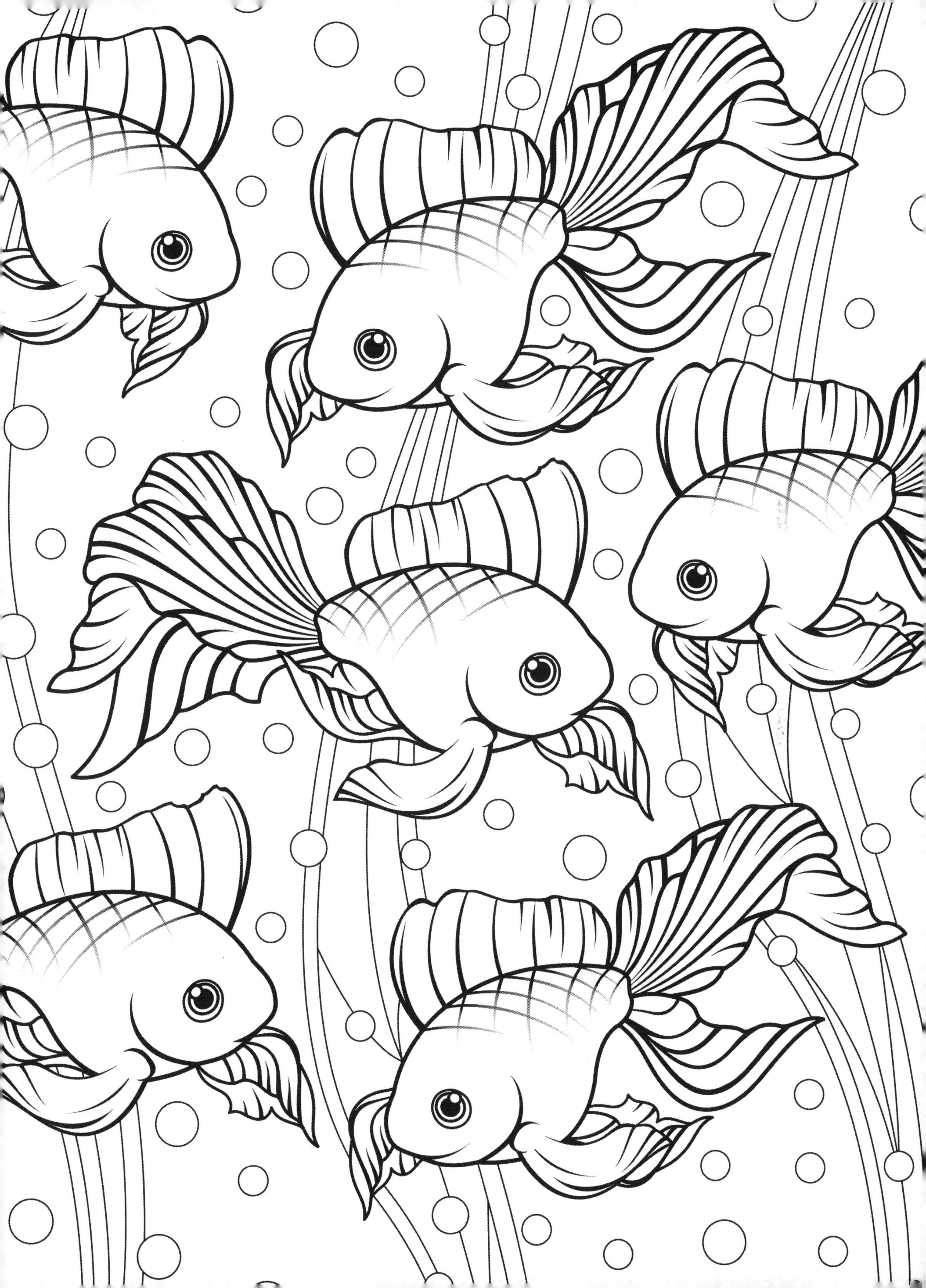

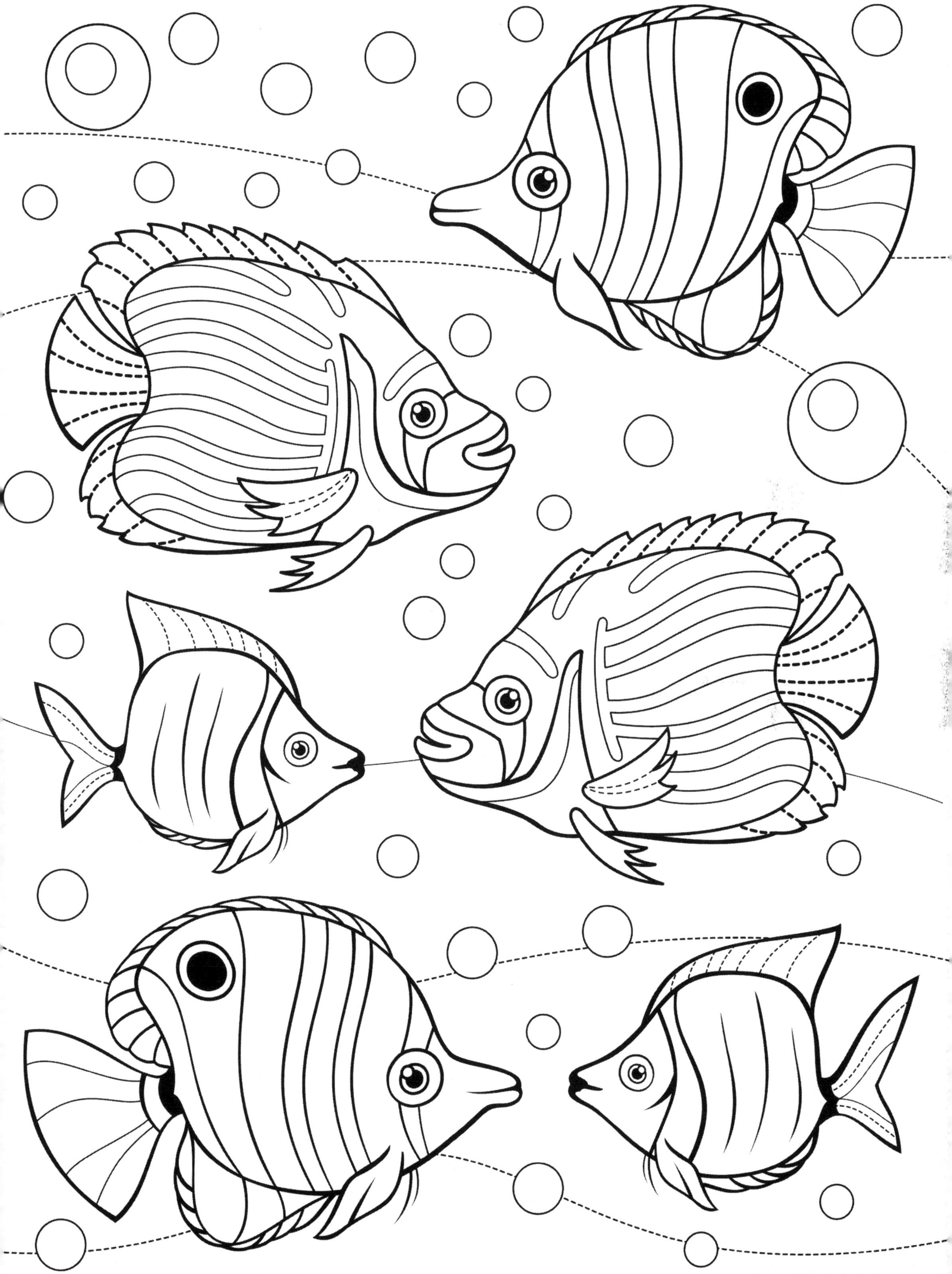

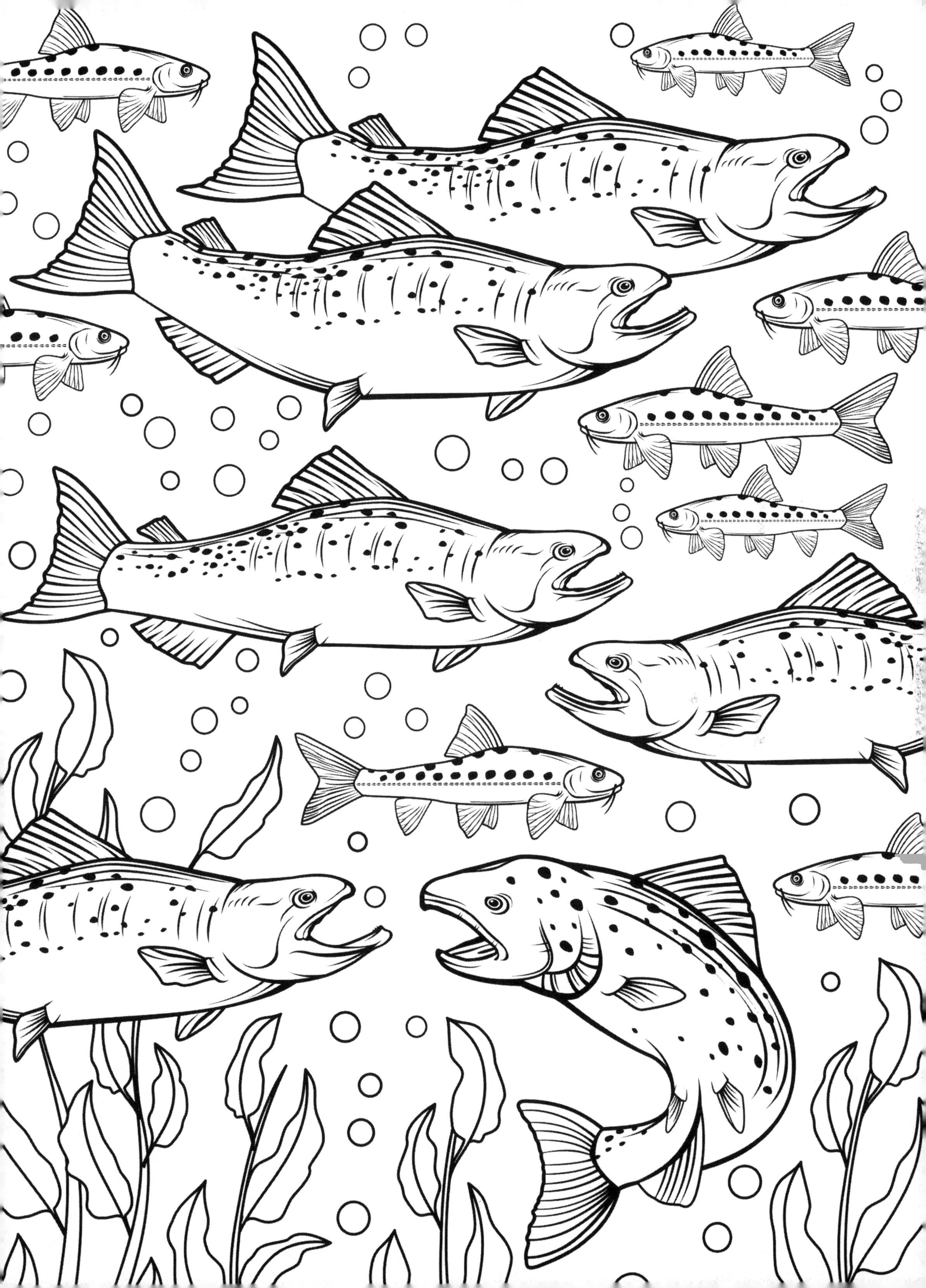

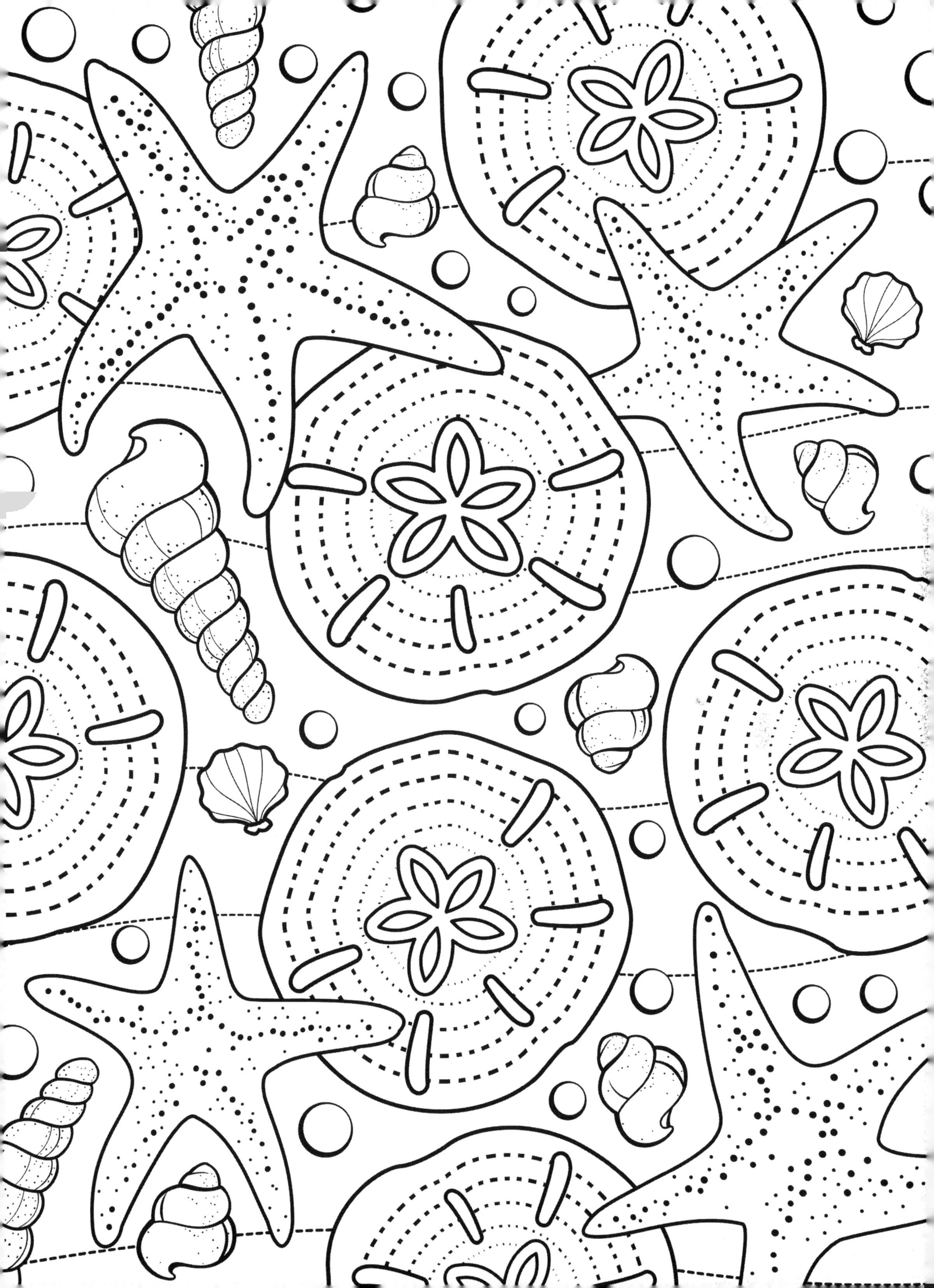

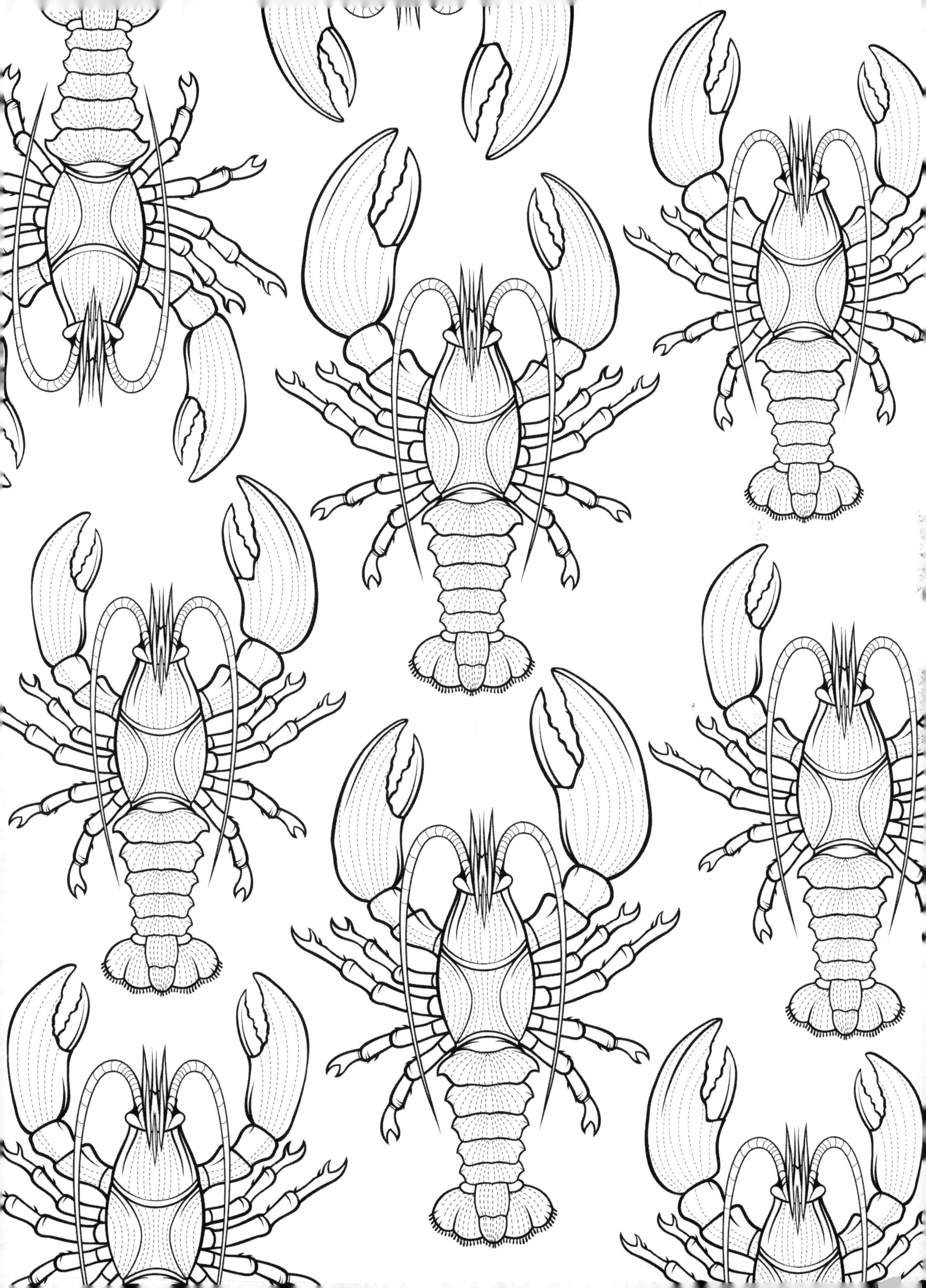

PAGINA DI PROVA DEL COLORE

SCOPRI LA COLLEZIONE DEI NOSTRI LIBRI!

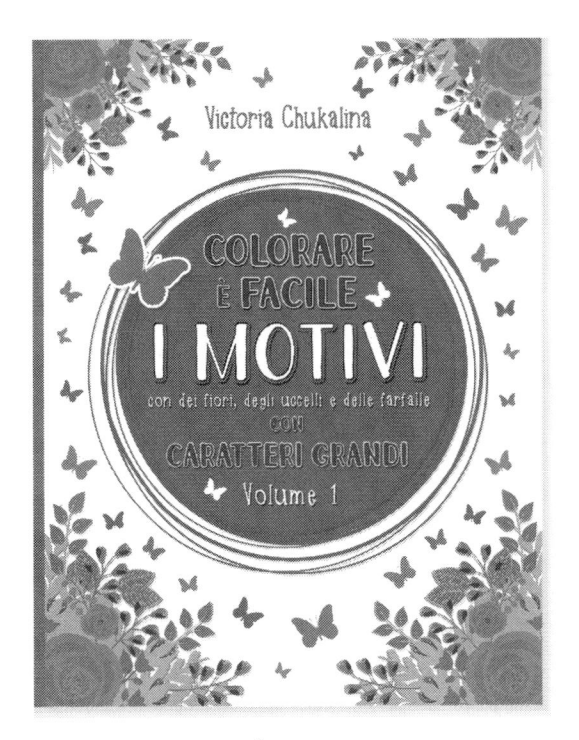

COLORARE È FACILE - I MOTIVI
LIBRO DA COLORARE PER TUTTE LE ETÀ
Dimensioni del prodotto: 21,6 x 0,5 x 27,9 cm

ISBN-13: 978-1099171482
ISBN-10: 1099171482

COLORARE È FACILE - I MOTIVI
LIBRO DA COLORARE PER TUTTE LE ETÀ
Dimensioni del prodotto: 21,6 x 0,5 x 27,9 cm

ISBN-13: 978-1099365171
ISBN-10: 1099365171

MANDALA
LIBRO DA COLORARE PER BAMBINI
Dimensioni del prodotto: 21,6 x 0.5 x 27,9 cm

ISBN-13: 978-1689015394
ISBN-10: 168901539X

MANDALA
LIBRO DA COLORARE PER BAMBINI
Dimensioni del prodotto: 21,6 x 0.5 x 27,9 cm

ISBN-13: 978-1693919602
ISBN-10: 1693919605

Made in the USA
Columbia, SC
27 March 2021